Collection La petite bibliothèque

ISBN 978-2-84594-795-5/01
3991037
Mama Éditions,
c/o Hachette Livre, 58 rue Jean Bleuzen, 92170 Vanves

5 PRINCIPES DE VIE POUR S'INITIER AU SLOW PARENTING

Laura APONI

5 PRINCIPES DE VIE POUR S'INITIER AU SLOW PARENTING

MAMA ÉDITIONS

Ce livre est dédié à tous les parents
qui souhaitent vivre harmonieusement
avec leurs enfants.

Sommaire

Introduction

Voici les premières pages d'un livre qui, vous en êtes déjà convaincu, donnera un nouveau sens à votre vie. Vous le ressentez au plus profond de vous, cet appel assez discret, ce cri intérieur qui vous supplie de ralentir... Peut-être n'y croyez-vous pas totalement, mais le livre est bien entre vos mains... Alors, il vous suffit de tourner les pages pour que chaque jour ait de l'importance et que vous arrêtiez de compter le temps qu'il reste. Devenir parent a complètement chamboulé vos perspectives de vie. Vous ne vous attendiez pas à courir souvent et à manquer de temps. Et plus les jours passent, plus on en vient à se demander pourquoi on a eu envie de cette vie de famille. On se perd, on se questionne et voici l'heure de la prise de recul.

Bienvenue dans un nouveau chapitre de votre vie où le slow parenting s'invite chez vous !

L'idée est d'amorcer pas à pas votre ralentissement pour mesurer à quel point une vie heureuse en famille est possible et à votre portée. J'ai voulu créer un livre accessible à tous et utile pour débuter votre propre réflexion sur votre rythme personnel et familial.

La prise de conscience de votre propre tempo est incontournable si vous souhaitez tendre vers une vie plus harmonieuse. Je me suis inspirée de mes enseignements personnels pour déterminer cinq principes de vie du slow parenting : accepter de ne plus courir, être un parent disponible, laisser place à l'imprévu, découvrir la personnalité de son enfant et apprendre la simplicité au quotidien. Chaque moment de vie est une occasion de lâcher prise sur vos propres limites et de vous donner une chance de réinventer une famille qui correspond à vos valeurs.

J'espère que ce livre vous aidera à poser un nouveau regard sur votre existence et celle de votre enfant. La découverte de soi est un passage merveilleux de votre vie de parent. En mettant en pratique les valeurs du slow parenting, vous allez souder votre famille en expérimentant ensemble le monde qui nous entoure.

Belle découverte de votre vraie nature et du paresseux qui sommeille en vous !

CHAPITRE 1

Définition du slow parenting

Qu'est-ce que le slow parenting ?

Le slow parenting, traduit par « parentalité lente », est un mouvement venu des États-Unis dans les années 2000. Face au phénomène d'hyperparentalité, Bernadette Noll et Carrie Contey, femmes ambitieuses et créatives, fondent l'association « Slow Family Living ». Leur intention est de donner un nouveau souffle aux familles afin de mieux respecter leur rythme biologique.

C'est un état de fait, il faut aller toujours plus vite malgré des conséquences désastreuses pour la santé. Les exigences de performances et de perfectionnisme que la société impose poussent de nombreux foyers vers l'épuisement. Nombre de parents souhaitent le meilleur pour leur enfant et sont prêts à tout sacrifier pour leur réussite. Aussi, le consumérisme a établi un modèle du « toujours plus » alors que certains ressentent le besoin d'un retour aux sources pour faire baisser cette pression insoutenable qui pèse sur leurs épaules.

Le slow parenting est une philosophie de vie, un état d'esprit qui mène le parent vers plus de simplicité, de sobriété et de naturel. Il n'y a pas de règles explicites, mais des valeurs communes à tous ceux qui souhaitent s'inscrire dans un rythme plus lent que celui de la société.

L'objectif du slow parenting est de renouer avec notre instinct parental. La société a pris une place importante dans l'éducation des enfants et beaucoup de parents sont perdus car ils ont voulu devenir parfaits. Nombre d'entre eux ont perdu confiance face à ce raz-de-marée d'exigences sociétales et ce ne sont pas les seuls... Les enfants n'ont plus de temps de repos, sont hyperstimulés, fatigués, stressés, développent des phobies, des dépressions...

Leur bien-être a été relégué au second plan et leurs besoins ne sont plus écoutés, au profit d'un monde qui va toujours plus vite.

Alors, le slow parenting, c'est un gros ralentisseur qui vous invite à arrêter de consommer le temps afin de le vivre, tout simplement. Vivre des moments de qualité en famille, se découvrir, tisser un lien, une complicité… Tout ceci se fait dans un mouvement plus lent.

Le slow parenting, c'est…

- vivre des moments de qualité plutôt qu'en quantité,
- partager des moments simples,
- être disponible pour son enfant,
- ralentir son rythme de vie,
- écouter son rythme biologique,
- laisser l'enfant expérimenter,
- faire de la place à l'ennui,
- découvrir la personnalité de son enfant.

Quand la lenteur a du bon

L'expérience du slow parenting m'a confirmé les avantages que cette philosophie de vie apporte au quotidien.

Les trois axes d'amélioration majeure qui vous attendent sont : une charge mentale allégée, du temps libre à disposition et un lien fort avec votre enfant.

Le principal bienfait est **la réduction de la charge mentale.** Mener une double journée, vous savez probablement de quoi je parle ? Quand on est parent, il faut assurer au travail et à la maison. De là, on surcharge notre esprit car il y a toujours « quelque chose à faire ». Fatigue, sentiment d'être dépassé, de ne pas s'en sortir, sommeil perturbé... autant de signes qui doivent amener à réfléchir à l'impact de ces obligations familiales. Les mères sont plus touchées par ce phénomène puisque 64 % d'entre elles s'occupent des tâches domestiques et 71 % s'acquittent des responsabilités parentales (données de l'Insee, 2010). Cela se confirme en 2018, à la suite d'une étude d'Ipsos où 77 % des femmes interrogées déclarent avoir trop de choses auxquelles il faut penser. Avec le slow parenting, la charge mentale est partagée et la pression diminue.

Le deuxième avantage conséquent de cet état d'esprit, c'est que l'**on retrouve du temps.** Accepter de ne plus courir et de ne pas pouvoir tout faire en vingt-quatre heures est une grande étape à franchir. Les impacts sont significatifs quand on commence à ralentir. On se trouve en meilleure santé, l'humeur est améliorée, la famille est moins fatiguée, les règles s'assouplissent et les temps libres sont plus nombreux. Les priorités changent. Ralentir amène à mieux se connaître, à se questionner, à donner du sens à ce qu'on fait et à satisfaire ses propres besoins. Manger, dormir, boire... ces besoins physiologiques sont souvent zappés quand on vit à cent à l'heure alors qu'ils constituent la base de notre existence.

Le troisième bienfait qui, à mon sens, est le plus réconfortant pour un parent, c'est de **tisser un lien fort avec son enfant.** Les moments de partage et de simplicité vécus ensemble sont des parenthèses de douceur pour le cocon familial. La liberté laissée à votre enfant profite également à son niveau de confiance en lui. En lui laissant la possibilité d'exprimer ses envies et sa personnalité et d'éprouver la vie dans toute son authenticité, vous construisez les bases d'une communication facilitée et d'un lien plus fort.

Les freins du quotidien

Être à l'aise avec l'ennui

Adopter la lenteur au quotidien quand la société nous presse d'accélérer est un réel défi. Pas facile d'appuyer sur le bouton « pause » quand « notre monde est bloqué en avance rapide », comme dit Carl Honoré. La société a tout accéléré en ayant pour optique toujours plus de profit et d'abondance. L'ennui est proscrit, car il ne rapporte rien. Pour beaucoup, il symbolise la lassitude, le déplaisir, le vide. Et l'homme craint ce vide qu'il tente de combler à tout prix. Pour autant, l'ennui est loin de la dépression sous-jacente dont on le pare. Il active certes de nombreuses pensées que nous n'avons pas toujours envie d'écouter, mais il fait aussi naître un imaginaire, une créativité, une sérénité, du plaisir et le moment présent.

Que ce soit pour votre enfant ou pour vous-même, il est probablement le meilleur professeur de votre vie. C'est un moment de suspens qui vous donne accès à votre monde intérieur, celui que vous cherchez tant à cacher à la société quand elle vous demande de rentrer dans le moule.

S'opère donc un réel tiraillement entre l'envie de répondre aux exigences sociétales et leurs attraits, et la possibilité d'exister par soi-même pour répondre à ses propres attentes.

« L'ennui se cache
dans les gouttes
de pluie. »

Vivre le moment présent

Le slow parenting nécessite d'être attentif à ce qu'on fait. On ne peut pas construire un château de cartes si on n'est pas vigilant à nos moindres mouvements de mains. Cependant, nous ne pouvons disposer d'une conscience infaillible et de chaque instant. Vivre le moment présent en slow parenting est donc une ligne de conduite qui nous engage à nous servir de notre intuition. Quand bébé pleure, je suis à son écoute tant qu'il en a besoin. Et c'est cette attention au moment qui permet de solliciter mon instinct. Si votre esprit est ailleurs, préoccupé par de nombreuses tâches ou problèmes, vous ne pourrez pas faire appel à votre cœur.

Mobiliser tous ses sens quand on est parent aide grandement à accompagner son enfant dans son développement. Il n'est pas aisé de débuter ce travail, car il implique de renoncer à certaines dépendances affectives et émotionnelles telles que les croyances de nos ancêtres. Le smartphone, les réseaux sociaux et la télévision sont des outils qui prennent aussi beaucoup de place.

Les conseils de vos grands-parents, de vos parents et de vos amis résonnent en vous et empêchent parfois l'expression de votre propre avis. Votre éducation parentale et les normes sociétales acquises durant toutes ces années sont si intériorisées qu'il est parfois difficile de reconnaître que nous avons subi un certain formatage qui a modifié notre perception et même notre personnalité. Pour autant, de nombreuses activités se sont développées pour nous aider à nous ancrer dans le présent, comme la méditation de pleine conscience, pour n'en citer qu'une.

L'ÉDUCATION BIENVEILLANTE

Les rôles parentaux sont en pleine révolution ! Où est la place de la mère ? Au foyer, au travail, un peu des deux ? Quelle est le rôle du père ? Autorité, souplesse, laxisme ? Les cartes sont rebattues depuis que la question de l'égalité homme-femme a pointé le bout de son nez. Aujourd'hui, en France, on s'accorde à penser qu'un enfant doit être éduqué et protégé. Les neurosciences apportent un éclairage stupéfiant pour mieux comprendre leur développement. Avec ces nouvelles connaissances, les parents sont pris dans un tourbillon d'informations et de recommandations à n'en plus finir. Même avec la meilleure volonté du monde, vouloir une éducation bienveillante pour sa famille ne se décrète pas. Il faut s'exercer et cheminer progressivement vers de nouvelles pratiques éducatives que beaucoup n'ont pas connues. Il n'y a pas eu de transmission par les plus anciens, il s'agit de construire un nouvel avenir pour nos enfants basé sur des données scientifiques et un doux mélange de bienveillance et d'autorité.

En slow parenting, l'idée est de laisser l'enfant expérimenter par lui-même tout en lui proposant un cadre sécurisant. C'est adopter la simplicité, sans objets superflus et sans trop le stimuler afin qu'il puisse exprimer sa propre sensibilité.

CHAPITRE 2

Les cinq principes de vie du slow parenting

1-Accepter de ne plus courir

UN CADRAN ET DES AIGUILLES

Imaginez un monde où le décompte du temps n'existe pas. Plus d'horloge, plus de montre, plus d'alarme, plus de notification... C'est la nature, autrefois, qui permettait aux hommes de se repérer au fil des saisons. Puis, chaque grande civilisation de l'Antiquité a créé sa propre mesure du temps grâce au soleil et à la lune. C'est à partir du 13e siècle, en Europe, que le temps s'est accéléré avec l'invention de l'horloge mécanique. Chaque instant est compté. Jours, heures, minutes, secondes, plus aucun moment de notre réalité ne doit nous échapper. Avec cette nouvelle cadence, nous pouvons planifier, organiser et tenir des délais. **C'est la mise en scène de la performance et de l'efficacité.** Nous ne pouvons plus rien laisser au hasard et à l'aléatoire, le contrôle est partout et dirige nos vies. Nous devons manger à des heures précises dans un intervalle restreint, nous rendre au travail ou à l'école à la minute près, nous endormir aux heures adéquates pour avoir notre compte de sommeil et, surtout, ne plus perdre une seule seconde.

La programmation du temps a obligé notre instinct à se taire. Les règles établies au fil de l'eau par les dirigeants pour plus de profit sont devenues la loi universelle. La cadence s'est naturellement accélérée dans un but d'enrichissement et de confort. Mais la conséquence directe est que l'homme n'a plus conscience de qui il est, de ce qu'il ressent. Il ne s'écoute plus. Il est devenu une machine au service d'une mécanique bien huilée.

Quand le temps presse

Nous n'avons plus le droit d'être en retard. Et pourtant, est-on vraiment en retard ou notre corps a-t-il besoin d'aller à son propre rythme ? Quand vous n'arrivez pas à vous réveiller le matin, quand vous ratez votre train, quand vous vous endormez sur le canapé, quand vous avez envie de prendre une pause un peu plus longue que d'habitude, quand vous n'avez pas vraiment faim à 19 h, n'y a-t-il pas des alertes de votre corps qui vous poussent à ralentir ?

L'être humain a érigé des murs pour que l'ensemble de la société puisse avancer sur le même tempo. On en voit aujourd'hui les conséquences sur nos corps, sur nos états d'esprit, sur nos émotions. Il y a eu une tentative réussie d'uniformiser chaque être humain comme chaque fourmi d'une fourmilière, bien formée à sa propre tâche. Mais tout être humain a une identité propre avec une personnalité que nul autre n'égale.

Voici ce qui a été volé par le temps : notre individualité.

À mon sens, c'est probablement notre erreur d'avoir pensé que le temps mécanique allait nous permettre de vivre mieux. Nous avons malheureusement oublié notre propre temporalité et effacé ce qui avait du sens pour chaque personne. Et nous avons embarqué notre propre planète dans un rythme inadapté. Nous avons perdu l'essence du temps naturel et notre nature humaine et environnementale. C'est un état de fait, rien ne sert de s'apitoyer. Trouvons ensemble les clés pour donner plus de temps à nos idées, à nos espoirs, à notre nature profonde qui nous appelle inlassablement à prendre soin de nous.

En r'tard, en r'tard
J'ai rendez-vous que'que part
Je n'ai pas le temps de dire au revoir
Je suis en r'tard, en r'tard
Non, non, non, non, non
Quelqu'un m'attend
Vraiment c'est important
Je n'ai pas le temps de dire au revoir
Je suis en r'tard, en r'tard

Paroles de la chanson
« Je suis en retard »,
tirée du dessin animé
Alice au Pays des Merveilles (1951).

Le temps est notre allié

Accepter de ne plus courir, c'est avoir une nouvelle vision du temps qui s'écoule. Pourquoi se dépêcher ? Désespérez-vous de trouver le bonheur ou est-ce une fuite en avant pour correspondre aux attentes de l'abondance ? Le temps doit être un allié et non un ennemi. Vous ne pouvez plus être contraint par des horaires qui entravent votre bien-être, car vous vous rendez esclave d'une aiguille qui ne cessera jamais de tourner.

Il y a bien d'autres aspects de votre humanité à enrichir pour trouver le répit face à cette spirale temporelle qui ne cesse de vous épuiser.

En slow parenting, prendre son temps est ce qui vous apportera la sérénité que vous recherchez. C'est assez paradoxal de penser que pour « gagner du temps », il faut aujourd'hui le ralentir. C'est en contradiction totale avec notre société de consommation qui nous a appris à ne pas perdre une minute pour nous enrichir de biens matériels confortables qui nous rendraient heureux. S'ennuyer, lever le pied est devenu, dans la tête de beaucoup de personnes, une perte de temps.

Nous sommes assujettis à une conscience collective basée sur le capitalisme. Mais il y a plein d'autres façons d'être heureux, sans porter une montre à son poignet et avoir un portefeuille rempli de billets. Alors, non, il n'est pas nécessaire de se détacher complètement de ses ressources financières et de ses biens, mais il ne faut pas y être aliéné non plus. Nous avons trop tendance à penser que notre bonheur est lié à notre niveau de confort et au temps que l'on passe à gagner de l'argent.

Je pense qu'il est impératif de prendre conscience que **notre temps doit rester le nôtre.** Vous avez le droit d'aller vite, mais c'est vous qui le déciderez en ayant conscience des impacts sur votre santé, sur votre vie de famille et sur votre niveau de satisfaction. J'en suis convaincue, si vous ne faites qu'accélérer, vous n'arriverez plus à contrôler le sens de votre vie. Une voiture lancée à 200 km/h est plus difficile à manœuvrer que quand elle roule à 50 km/h.

Avec cette image en tête, à quelle vitesse êtes-vous lancé aujourd'hui ?

.... km/heure

En finir avec l'obligation de s'occuper

Accepter de ralentir, c'est oublier de planifier. Vous aviez prévu d'étendre le linge, de passer l'aspirateur, de rendre visite à votre voisine, de ranger la chambre des enfants, de lire vos mails, de vous former... On peut toujours remplir une journée de milliers d'activités. Pourtant, quand vous êtes en vacances, vous vous permettez quelques heures de farniente sur la plage. Parce qu'on vous donne le droit de le faire, ce sont vos jours de congés, les jours de repos, les jours *off*. Pourquoi attendre ces moments de répit pour le prendre ? Qui a dit que vous n'aviez pas la possibilité d'alléger votre mental au quotidien ? Les convenances sociétales, le regard des collègues à 17 h quand ils vous voient partir du travail sur la pointe des pieds, le sentiment de ne jamais en faire assez, le sentiment d'urgence... Quel est le risque à prendre quand on décide de ralentir ?

Être soi.

Exister en tant que personne à part entière, là est votre plus grand défi.

Accepter de ne plus courir

Les quatre clés à garder en tête

1. Le temps mécanique est une invention de l'homme pour gagner en efficacité.
2. L'écoute de son instinct est primordiale pour se sentir bien.
3. Le temps est un allié quand on se l'approprie.
4. En finir avec l'obligation de s'occuper.

2-Être un parent disponible

Prendre le temps de « se déposer »

C'est un peu comme déposer ses valises. Nous portons, tout au long de nos journées de parents, d'innombrables sacs à porter : les responsabilités, les impératifs, les délais, les couches à changer, la cuisine à faire, les pleurs du nourrisson, la crise d'adolescence de l'aîné, l'inquiétude que le cadet trouve sa place, la difficulté à se retrouver dans son couple depuis que bébé est né, les blessures passées, la maladie, la non-reconnaissance de son manager... La liste peut être longue, très longue. Il y a des sacs plus légers dont on va pouvoir se délester facilement et d'autres qui prendront probablement plus de temps.

Quand cela devient trop lourd, on ne pense qu'à ça. Faites l'essai, allez marcher avec un sac rempli de cailloux. Il y aura forcément un moment où vous ne penserez qu'au poids qui vous ralentit. Alors que vide, vous aurez la possibilité d'aller où vous avez envie sans être préoccupé de votre besace.

Se rendre disponible pour son enfant, c'est aussi se décharger du surplus que vous aurez sur vos épaules. Et c'est impossible quand on est cloué au sol et incapable de penser à autre chose qu'aux tracas du quotidien. Prendre le temps de « se déposer », c'est donc mettre le doigt sur ce qui limite notre disponibilité. Tout ce qui est dans votre tête doit être évacué pour ne laisser place qu'à des priorités majeures.

Prenez quelques instants pour remplir la page suivante de tout ce qui vous traverse l'esprit. Videz votre sac, notez tout ce qui vous empêche d'être totalement présent pour votre enfant.

À quoi je pense tout le temps et qui m'empêche d'être totalement présent pour mon enfant ?

....

....

....

....

....

Avant de rentrer chez vous ou d'aller chercher votre enfant, prenez quelques instants pour remobiliser votre attention sur votre vie de famille.

Vous pouvez :

- écouter une musique,
- prendre une douche,
- écrire quelques lignes,
- faire une courte méditation,
- pratiquer un sport,
- aller à la bibliothèque,
- prendre quelques respirations profondes,
- caresser votre animal de compagnie,
- donner de l'eau à vos plantes d'intérieur...

L'objectif est de vous déconnecter du quotidien qui va limiter les interactions avec votre enfant.

Diminuer le stress

Devenir parent, c'est découvrir des sources de stress supplémentaires, qu'on ait voulu un enfant ou non. Pas besoin de chiffres pour savoir à quel point nous débordons d'inquiétudes dans un contexte planétaire instable et un quotidien toujours plus tendu. Mais il y a le « bon » et le « mauvais » stress. Le premier vous donne l'envie de vous dépasser quand le second vous fait prendre vos jambes à votre cou ou vous met à terre.

Le slow parenting invite à s'apaiser. Par le ralentissement, par la lenteur, la tension du quotidien s'efface. Même si les enfants peuvent être une source de nervosité, il ne faut pas se le cacher. Les journées peuvent vite devenir pesantes entre les devoirs, les tournées de linge qui n'en finissent plus, les pleurs, les oppositions, l'agitation perpétuelle, la surstimulation de nos nerfs... Tout cela sollicite notre organisme à agir dans l'immédiat. Le stress s'invite, car nous n'avons que peu d'emprise sur ce que les enfants vont nous faire vivre, et nous avons l'impression de perdre le contrôle de notre propre temps. Nous n'avons pourtant pas à subir ces secousses incessantes, sous peine de finir au bout du rouleau et épuisés.

Notre disponibilité doit être choisie. Un parent qui répond à 100 % des sollicitations ne préservera ni sa santé ni le besoin d'autonomie de son enfant. Diminuer son stress, c'est alors penser un peu plus à soi (pour une fois). Vous êtes parent, mais vous n'êtes pas que cela. Il est nécessaire de prendre du temps pour soi, pour ses amis, pour ses loisirs et pour sa vie de couple. Il n'y a aucune culpabilité à éprouver à se donner du temps pour se sentir bien. Il n'y a pas de perte de temps, votre enfant ne vous en voudra pas de lui transmettre joie et sourires plutôt qu'énervement et fatigue.

Quels sont vos dix facteurs de stress ?

Ex. : les cris des enfants/la gestion des tâches quotidiennes/la préparation des repas/le lever/les colères/le manque de temps

1. ....
....
2. ....
....
3. ....
....
4. ....
....
5. ....
....
6. ....
....
7. ....
....
8. ....
....
9. ....
....
10. ....
....

J'ajuste mes attentes parentales pour me sentir plus serein

Ex. : je laisse mon enfant jouer dans sa chambre/je m'octroie une sortie par semaine pour me changer les idées/je prends du temps pour mon couple

....

....

....

....

....

....

....

....

....

....

....

....

....

....

EXPLORER LES MOMENTS DE *FLOW*

Avez-vous déjà vécu avec votre enfant des moments en totale symbiose ? Si vous avez pu l'expérimenter, dès la naissance, poser votre nourrisson en peau contre peau sur votre poitrine ou votre torse a dû vous faire vivre un moment d'apaisement profond. Plus rien n'existe autour de vous à part le battement de vos cœurs et vos respirations. Calés sur le même rythme, vous ne faites plus qu'un. Mais lorsque le quotidien vous rattrape, ce petit moment devient lointain, comme si vous aviez vécu un rêve et que la réalité vous avait rattrapé. Pourtant, il y a plein d'occasions de revivre ce moment de bonheur à l'état pur quand on se rend disponible pour son enfant. Le plus facile à observer et à pratiquer est celui du coucher. Lorsque vous lisez une histoire, alors qu'il est blotti dans ses draps, vous portez ensemble votre attention sur le conte.

Vos cerveaux sont dans un état de *flow*. C'est une immersion totale dans un sentiment de joie spontanée. Vous êtes alignés et sur la même longueur d'onde. **Vous vivez le moment présent et ressentez une émotion commune.**

Je vous encourage à multiplier ces moments de plaisir commun qui embellissent votre routine familiale quotidienne. Chaque moment de synchronicité vécu avec votre enfant solidifie les fondements de votre éducation. En vous montrant indisponible et peu disposé à vivre un instant de plein contentement, vous limitez les occasions de transmettre vos valeurs.

Si je ne devais donner qu'un seul conseil pour intégrer le slow parenting au sein de votre famille, ce serait celui-là : créez vos moments d'exceptions qui rendront votre relation unique.

« Faites que
chaque jour compte
en profitant d'un moment
de synchronicité
avec votre enfant. »

Vous pouvez également piocher dans ces quelques idées afin de renforcer votre complicité :

- aller à la pêche,
- planter des légumes,
- rempoter une plante,
- nourrir des animaux,
- chercher des champignons,
- cueillir des fleurs,
- faire du sport,
- chanter,
- danser,
- rire,
- jouer aux échecs.

« Faire des ricochets,
c'est jouer
au temps suspendu. »

ÊTRE UN PARENT DISPONIBLE

Les quatre clés à garder en tête

1. Prendre le temps de « se déposer » en évacuant ou mettant de côté sa charge mentale.
2. Diminuer le stress en ralentissant.
3. Choisir ses moments de disponibilité.
4. Explorer les moments de *flow* pour renforcer la complicité avec son enfant.

3-Laisser place à l'imprévu

Profiter des impondérables

Faire de la place à l'imprévisible n'est pas chose facile dans une société où tout est prévu. De la naissance à la mort, toute votre vie est tracée par une succession d'étapes que la société a mises en place pour votre « bonne évolution ». Accoucher à la maternité, aller à l'école, trouver un travail, inscrire ses enfants aux activités sportives et de loisirs, manger trois repas par jour... Il faut bien l'avouer, par moments, cela devient aussi une pression sociétale que de répondre à toutes ces exigences. Et il est parfois libérateur pour certaines personnes de faire un pas de côté pour se sentir soi et donner libre cours à ses propres envies. Faire l'école à la maison, apprendre à son enfant à jouer du piano, sauter un repas, vivre dans un écolieu, dormir à la belle étoile... Une revendication de simplicité et de sobriété se dessine pour assouplir notre quotidien.

Le cadre est sécurisant et enfermant ; la liberté donne de l'indépendance et la fuite en avant. L'éducation, c'est aussi une histoire de cadre et de liberté.

Nous devons apprendre à nos enfants les règles de vie en société, transmettre nos propres valeurs et faire émerger leur volonté singulière de mener leur vie. C'est un tiraillement constant. Laisser de la place à l'imprévu, c'est accepter que notre vision de la vie puisse ne pas être conforme aux attentes de la société.

Quand vous aviez planifié de vous rendre à un rendez-vous et que celui-ci est annulé, vous devez réinventer ce moment qui était immuable. Peu importe ce que vous ferez du temps libéré par cet impondérable, vous reprenez le contrôle de l'instant et avez le choix de faire ce que vous souhaitez. On est souvent saisi par l'idée de continuer le déroulement de sa vie à travers notre routine ou les tâches qu'il « faut faire ». Et ce temps est finalement perdu, happé par la pression sociétale. Les enfants ne s'en soucient pas encore et ont une imagination débordante pour combler l'imprévisible. C'est une bonne source d'inspiration et vous vous sentirez moins étouffé dans votre vie quotidienne si vous vous amusez à profiter de ce qui n'était pas prévu.

S'AFFRANCHIR DE SES PROPRES LIMITES

Nous avons tous des habitudes de vie, des routines, des manies, des façons de vivre différentes. Nous les avons intégrées par l'éducation que nous avons reçue, par les rencontres, par l'exemple. Nous avons créé notre propre bulle, notre cocon. Il y a inexorablement des instants de vie où notre cocon est mis à rude épreuve. C'est le cas quand on accueille notre premier enfant. L'imprévisible prend place dans notre quotidien : les pleurs en pleine nuit, la couche à changer alors qu'on venait juste d'en mettre une propre, la fièvre du nourrisson, le premier pas, le premier sourire, le premier « maman » ou « papa »...

Il faut repousser nos limites, créer de l'espace pour que nous puissions vivre de nouvelles expériences et permettre l'épanouissement de ce petit être. Avant sa naissance, nous ne nous pensions même pas capables de tenir debout toute une nuit, d'accepter les odeurs désagréables des couches ou de contenir notre colère... Avoir un enfant, c'est accepter de voir sa vie chamboulée. Nombre de parents aujourd'hui souhaitent continuer à vivre leur vie de couple comme avant. Il n'y a donc pas de place pour l'imprévu, pas de place pour l'enfant. Il doit suivre l'adulte comme s'il en était un.

Certains parents ne s'acceptent pas en tant que tels et restent centrés sur leurs propres besoins. Loin de moi l'idée de les blâmer. De nombreuses difficultés se présentent quand on devient parent et l'on peut toujours s'améliorer. L'envie de changer quelque chose pour que cela fonctionne, pour qu'enfin le lien se crée, est une volonté pour beaucoup sans qu'ils sachent comment s'y prendre. Lâchez prise sur vos propres limites. Donnez un peu de liberté à votre propre cadre pour laisser place à l'imprévu. Il y a de belles choses à découvrir quand on laisse son enfant vivre avec spontanéité.

Quelles sont les limites qui vous empêchent de laisser plus de place à l'imprévu ?

Ex. : la peur de l'abandon, le contrôle, la peur d'être déstabilisé, l'autoritarisme, la peur que votre enfant souffre...

....

....

....

....

....

....

....

....

....

....

....

....

....

....

Accueillir la différence

Il est bon d'avoir une idée de l'éducation que l'on veut donner à notre enfant. Il est encore plus précieux de rester ouvert à d'autres façons de l'aborder et de la réajuster au besoin. L'éducation, c'est une richesse incommensurable pour celui qui la reçoit, d'autant plus si vous ouvrez le champ des possibles. Chaque parent a sa façon d'apporter sa pierre à l'édifice. Soyez indulgent envers vous-même.

Votre enfant saura se nourrir de ce que vous lui apportez. C'est ce qu'évoque la légende amérindienne des deux loups. Vous êtes invité à nourrir soit le bien, soit le mal.

« Grand-père, il y a un terrible combat dans mon cœur, avoua le garçon. Deux loups vivent en moi et s'affrontent. Le premier est bon, il vit en harmonie avec les autres loups. Il est rempli de joie, de confiance, de compassion et d'amour. Il ne veut de mal à personne. Il ne se bat que lorsque c'est juste et absolument nécessaire.

— Et l'autre loup ? demanda le grand-père. Comment est-il ?

— C'est un loup peureux, envieux et agressif. Il est rempli de ressentiments et d'orgueil. La moindre contrariété le pousse dans un état de rage et il attaque sans raison. Sa colère et sa haine sont si fortes qu'il est toujours en guerre contre tous.

— Ces deux loups se battent pour dominer ton esprit, dit le vieil homme. Mais tu n'es pas seul, mon enfant. Ce terrible combat a lieu en chacun de nous.

— Lequel de ces loups va gagner, grand-père ?

- Celui que tu choisiras de nourrir, mon garçon. »

Légende amérindienne des deux loups

Bien sûr, il y a des jours où les émotions s'entremêlent et où l'on montre aux enfants des facettes de nous que nous aurions aimé qu'ils ne voient pas. Je crois pourtant que ces « moments de faiblesse », comme on a coutume de les nommer, sont au contraire de belles leçons d'imprévisibilité de la vie. Nous ne pouvons pas tout contrôler. Ce que je vous propose, c'est de vous nourrir de cette imprévisibilité. En laissant parler ce que vous êtes et en permettant à votre enfant d'exposer qui il est, sans le contrarier, vous acceptez que la différence soit.

Il n'y a pas de slow parenting si la tolérance n'est pas un des piliers de votre éducation. Vous devez accepter que votre enfant ait une personnalité propre, un rythme bien à lui, un tempérament qui le définit. On cherche souvent à savoir quel trait de caractère notre enfant a pris de nous. Finalement, nous cherchons à rester en terrain connu. Il n'est pas toujours agréable d'être déstabilisé quand son enfant exprime une facette qu'on ne connaît pas de lui. C'est d'ailleurs ce qui surgit à l'adolescence, où il va accentuer ses différences pour s'affirmer.

Votre enfant n'aura probablement pas toutes les qualités que vous auriez aimées, mais il en a certainement d'autres qui vont vous surprendre.

Rappelez-vous, vous êtes et serez toujours l'exemple à suivre pour lui. Vous êtes la première personne qui va l'inspirer pour débuter la construction de sa propre personnalité.

Quels comportements nourrissez-vous ?

Entourez les comportements que vous favorisez dans votre quotidien.

la colère
l'envie
la jalousie
la tristesse
le chagrin
l'avarice
l'arrogance
l'anxiété
la peur
l'insatisfaction
l'agressivité
la rage
la contrariété
le mépris
les remords

la paix
l'amour
l'espérance
la sérénité
l'humilité
la bienveillance
l'empathie
la générosité
l'honnêteté
la compassion
la foi
l'émerveillement
l'amusement
l'admiration
la joie

Laisser place à l'imprévu

Les trois clés à garder en tête

1. Laisser de la place à l'imprévu, c'est accepter que votre vision de la vie ne soit pas conforme aux attentes de la société.
2. Vos propres limites peuvent empêcher d'accueillir l'inattendu.
3. Lâcher prise sur vos comportements amène à plus de tolérance et à l'acceptation de l'autre tel qu'il est.

4-Découvrir la personnalité de son enfant

Préserver son rythme biologique

Que font les enfants ? Ils nous imitent, nous observent, prennent exemple. Maman court, papa court, je cours comme un caneton en file indienne derrière ma mère. Et c'est comme ça que l'on passe son temps à tourner le dos à son enfant parce qu'on doit garder le cap, les yeux rivés vers nos objectifs.

La performance est au rendez-vous. Un enfant n'a pas à être performant, ni même un parent d'ailleurs. La performance est un exploit, un record, c'est le fait de dépasser ses propres limites. On y arrive quand on excelle dans un domaine de sa vie après de longues années d'expériences acquises.

L'enfant, lui, en est à ses débuts d'expériences. Ses exploits, ce sont ses premières fois : premier pas, première purée, premier escalier, premier dodo seul dans sa chambre, etc. Il s'initie à la vie et ce n'est pas toujours facile. Prononcer ses premiers mots, être propre, dormir toute une nuit… L'exigence de la performance, ce n'est pas pour maintenant. Il apprend à vivre seul et accompagné.

Quand on lui impose maladroitement un rythme trépident et réglé à la minute près, il ne peut pas suivre. Si vous lui demandez de manger proprement alors qu'il n'en est qu'à son troisième petit pot de compote, vous projetez sur lui une exigence inatteignable. Son cerveau est en cours de développement et chaque connexion se lie au moment opportun.

Le rythme biologique de votre enfant n'est pas le même que le vôtre. Ne soyez pas pressé qu'il atteigne le même niveau de développement que les autres ou que vous. En le poussant à avancer à votre rythme, vous alimentez un manque de confiance en lui lié à la frustration de ne jamais être à la hauteur de vos espérances.

En slow parenting, l'idée est d'accompagner l'enfant à progresser à son rythme. Il possède instinctivement la volonté d'apprendre, d'expérimenter, de grandir. Rien que de vous voir faire du vélo, promener le chien, cuisiner, aller au travail, l'incite naturellement à s'entraîner pour y arriver seul.

Votre enfant est doté d'intelligence, il n'a pas besoin qu'on lui explique tout ce qu'il doit faire même s'il ne réussit pas du premier coup.

Offrez-lui la possibilité d'expérimenter sans aide : mettez un tabouret à disposition pour qu'il se lave les mains seul, prévoyez un placard à sa hauteur pour son goûter, son assiette, ses couverts... Laissez-le accéder à son quotidien.

Observer son enfant

Vous vous souvenez forcément d'un cadeau qui ne vous a pas plu, pourtant offert par une personne que vous aimez. La désillusion peut être importante même en tant qu'adulte. Pour un enfant, savoir que ses parents le connaissent mieux que quiconque est primordial. La déception est immense face à l'absence de compréhension et d'écoute de ce qu'il est. Il doit se sentir aimé et a besoin de beaucoup d'attention pour prendre confiance en lui et s'épanouir. Votre regard compte bien plus que tous les autres.

Or, aujourd'hui, nos regards de parents sont souvent dirigés vers nos écrans et nos esprits sont sans cesse préoccupés par bon nombre de tâches. Commencer par observer son enfant jouer est une mine d'or pour découvrir ses peurs, ses désirs, ses rêves et les règles qu'il a apprises. Le laisser jouer librement, sans contrainte de règles, permet de mieux apprécier qui il est. C'est aussi une manière pour lui d'affirmer ce qu'il aime et de marquer sa personnalité. Gardez en tête que votre présence, même sur un court laps de temps, a bien plus de valeur qu'un cadeau. Votre présence permet de construire un lien immuable, une relation basée sur la compréhension de l'autre et de son bien-être.

Rien n'égale le temps partagé ensemble.

« Le bonheur
ne s'achète pas,
il se vit. »

Quelques idées d'activités qui favorisent le lien parent/enfant :

- Prendre un chocolat chaud dans un salon de thé
- Une promenade autour d'un lac, en forêt
- Préparer une spécialité culinaire familiale
- Peindre un tableau
- Construire un abri à insectes
- Écrire un journal intime ensemble
- Faire un album photos
- Créer des vidéos des meilleurs moments partagés ensemble

Le mieux est d'établir un rituel, un rendez-vous avec votre enfant dans votre planning comme point de repère pour vous parler, vous écouter, échanger, nouer un lien pérenne.

Mettre l'accent sur les qualités plutôt que sur les faiblesses

La psychologie positive est une de vos meilleures alliées pour la santé mentale de votre enfant. On peut avoir tendance à remarquer ce qui ne va pas plutôt que ce qui va bien : il ne se tient pas bien à table, il parle beaucoup trop, il ne range pas sa chambre, il ne fait pas attention... Mais il est aussi possible de voir son enfant à travers ce qu'il accomplit de positif: il s'habille seul, il se comporte bien à l'école, il prête ses jouets, il débarrasse son assiette. Or, le pessimisme l'emporte souvent, car notre cerveau est en état d'alerte.

Le stress accru lié à notre idéal du « toujours plus vite » laisse malheureusement peu de place à l'optimisme.

Tête baissée, il y a encore tellement de choses à faire, à vivre, qu'il n'est pas simple de se satisfaire de ce qui est déjà et qui va bien. Puisez dans votre optimisme pour révéler toutes vos émotions positives. Parfois, il n'y a pas besoin d'aller chercher loin, nos enfants en sont de grands pourvoyeurs: joie, espoir, gratitude, intérêt, amusement, inspiration, fierté, sérénité, émerveillement...

En favorisant ces états d'être, vous impulsez une énergie optimiste. Au-delà de vos émotions, il y a aussi vos forces et vos qualités. Il a été démontré qu'il était moins épuisant et plus facile de cultiver ses forces que de corriger ses défauts. En mettant l'accent sur le comportement ou les émotions positives qu'a votre enfant, vous l'aidez à croire en lui. De mon expérience, je pense même que cela influe positivement sur ses défauts, car ils ne sont plus vus comme tels, mais comme des possibilités de progresser.

Et si on commençait ensemble ? Qu'est-ce qui va bien chez vous ? Qu'est-ce que votre enfant accomplit de positif ? Et vous ?

....

....

....

....

....

....

....

....

....

....

....

....

Découvrir la personnalité de son enfant

Les trois clés à garder en tête

1. Préserver le rythme biologique de son enfant pour l'accompagner dans son développement naturel.
2. Observer, écouter, prendre le temps de se comprendre.
3. Utiliser les atouts de la psychologie positive pour sublimer ses forces.

5-La simplicité du quotidien

Simplicité et sobriété

Il n'y a pas de slow parenting sans simplicité. En attendant l'arrivée de bébé, vous êtes amené à faire des choix matériels pour lui : acheter une poussette, un cosy, des biberons en verre ou en plastique, des vêtements d'occasion ou neufs...

Ce sont des décisions qui vont automatiquement faire écho à vos valeurs. Accueillir son enfant avec le strict minimum est un défi dans une société qui pousse à la consommation. Dès la maternité, on a de nombreux échantillons de produits (couches, liniment, crème hydratante, etc.). Faire le point sur ses réels besoins permet d'éviter de se retrouver avec la chambre de bébé pleine à craquer alors qu'il vient tout juste de naître. Choisir la voie du minimalisme crée un cocon de calme et de sérénité. En minimisant les possessions, vous allez permettre à votre enfant d'explorer le monde librement en préservant sa personnalité. De lui-même, il pourra se relier à ce qui l'attire et garder sa propension au rêve. En décidant d'avoir peu de biens matériels dans votre maison, vous laissez aussi beaucoup de place à la gratitude et à la connaissance de soi.

Le minimalisme, c'est se contenter de peu de biens, mais de nombreux moments de qualité avec son enfant.

« Rien ne sert d'avoir
si ce n'est pas
pour être. »

Vivre mieux avec moins

Le coffre à jouets déborde, les chambres ne se rangent plus, il est temps de faire du vide. Tout ce capharnaüm prend trop de place dans votre tête et vous demande un temps considérable chaque jour pour remettre de l'ordre dans votre intérieur. Tous les trois mois, vous pouvez faire le tri avec les enfants pour enlever les jouets cassés, ceux qui ne correspondent plus à leur âge et ceux avec lesquels ils ne souhaitent plus jouer. Habitués dès le plus jeune âge, ils apprennent ainsi à donner aux enfants qui n'en ont pas. L'objectif est d'avoir une caisse de jouets par chambre. Le pari n'est pas toujours tenu, mais l'objectif est de tendre vers une certaine sobriété. N'hésitez pas non plus à vous débarrasser de certains jouets qui ne correspondent pas à vos valeurs. Après tout, vous êtes chez vous.

Une fois le tri fait, les enfants ont une vision plus claire de leur espace de jeu et sont tout simplement moins stimulés. Il sera plus facile d'y faire un brin de ménage en quelques minutes. Votre mental va s'alléger et le leur aussi. En ayant moins, ils prendront conscience de la valeur d'un jouet, mais pas seulement: ils se rendront aussi compte que posséder un bien est précieux et seront plus reconnaissants pour ce qu'ils ont.

MOINS DE JOUETS, PLUS DE COMPLICITÉ

Par la suite, spontanément, les enfants désencombrent leur chambre lorsqu'ils pensent qu'un jouet pourra faire plaisir à un ami ou à un autre enfant. Ils développent leur faculté à mieux cibler leurs besoins puisqu'ils sont restreints. Ils n'en sont pas moins heureux, au contraire, ils font preuve d'une belle créativité et d'une imagination débordante. Dans une fratrie, les liens se resserrent naturellement pour partager les jouets en exemplaire unique. Ils ont de riches conversations pour créer des histoires ou réinventer le quotidien.

Désencombrer l'espace de vie est une belle façon de faire entrer la simplicité pour chaque membre de la famille. Parents comme enfants sont plus facilement calmes et paisibles quand leur environnement est épuré et ordonné. Pour chaque nouvel objet ou jouet, il y aura à l'avenir toujours une réflexion sur sa nécessité et le bien-être qu'il va procurer au sein de la famille.

Soit dit en passant, le meilleur terrain de jeu des enfants est la nature. Sauter dans les flaques d'eau, mettre les mains dans le sable, dans la terre, ramasser des feuilles mortes, des champignons, cueillir des fleurs... Il y a tout un monde qui change au fil des saisons qu'ils apprécieront aussi bien que leur chambre.

Un exemple de philosophie de vie : le *lagom*

La philosophie *lagom* a pris racine en Suède et puise son essence dans trois composantes : la simplicité, la modération et l'égalité.

La simplicité : les Suédois cherchent le bonheur dans les choses simples. De la même façon que la *slow life* qui incite au retour à l'essentiel, c'est une philosophie de vie qui bannit les excès et prône la durabilité. L'extravagance n'est pas du goût de la Suède, que ce soit à la maison ou au travail.

La modération : les Suédois ont « la bonne dose » en tout. Travailler, mais pas trop ; acheter, mais pas trop ; s'alimenter, mais pas trop, etc. La juste proportion s'apprend dès le plus jeune âge.

L'égalité : la Suède a instauré une égalité dans sa politique et sa culture afin que le bien-être commun soit prépondérant à l'intérêt individuel. Aux antipodes de l'individualisme, les Suédois n'aiment pas savoir une personne plus importante qu'une autre et sont attentifs à ce que chacun trouve sa place en société.

Pratiquer le *lagom* avec les enfants, c'est préciser ce qui, à vos yeux, est juste, approprié, adapté, adéquat, suffisant et égal. C'est l'art de vivre sobrement et avec modération.

Les impacts sur l'état d'esprit des enfants sont ceux que l'on souhaite voir lorsqu'on s'implique dans le slow parenting :

- ils ne connaissent pas l'excès et ne demandent pas plus qu'ils ne doivent avoir ;

- ils savent jouer avec peu de choses et en sont heureux ;
- ils vivent dans l'intérêt général et pensent à protéger leur environnement.

Je débute la simplicité et la sobriété en famille.

Quel est l'objet que vous ne souhaitez plus voir dans votre maison ?

....

....

Quels sont les équipements de puériculture que vous utilisez vraiment (poussette, landau, transat, cosy...) ?

....

....

Quels sont les jouets que vous avez envie de privilégier pour votre enfant (jeux en bois, livres, jouets sans matériaux toxiques, jouets non lumineux, etc.) ?

....

....

Quels sont les jouets avec lesquels votre enfant joue le plus ?

....

....

Gardez à l'esprit que chaque objet doit avoir une nécessité.

Petit exercice ludique en famille

Demandez à votre enfant de dessiner sa maison idéale, avec tout ce qu'il aime, pour vous faire une idée de ce qui lui tient vraiment à cœur. Rien ne vous empêche de faire également la vôtre pour vous rendre compte de ce qui est important pour vous.

La simplicité du quotidien

Les trois clés à garder en tête

1. Faire ses propres choix en fonction de ses valeurs pour l'achat de biens matériels.
2. Désencombrer son habitat pour se libérer d'une charge mentale.
3. Minimiser le nombre de jouets pour éveiller votre enfant à son environnement naturel et l'inciter aux échanges relationnels.

Je fais de la place au slow parenting dans ma vie familiale

Pour faire de la place au slow parenting, chaque jour, vous pouvez **lister sur les pages suivantes toutes les occupations/ activités/temps de vie avec votre enfant** durant votre journée. Notez-y vraiment tout. Les temps de jeux, de devoirs, les activités de loisirs, les sorties, l'heure du coucher, les périodes de crises... Écrivez également devant chaque activité le temps que vous y avez consacré.

Une fois cette première étape effectuée, vous ferez déjà **un premier constat du temps réellement passé avec votre enfant.** Est-il suffisant pour vous ?

Votre deuxième constat portera sur **les types d'activités** que vous réalisez avec lui : y en a-t-il que vous souhaiteriez faire plus souvent ? Qu'est-ce qui vous en empêche ?

Votre troisième constat abordera la **qualité de vos relations** : y a-t-il des disputes récurrentes ? Des temps d'échanges, des temps calmes, des temps de jeux ?

Lundi

....
....
....
....
....
....
....
....

Mardi

....
....
....
....
....
....
....
....

Mercredi

....

....

....

....

....

....

....

....

Jeudi

....

....

....

....

....

....

....

....

Vendredi

....

....

....

....

....
....
....
....

Samedi

....
....
....
....
....
....
....
....

Dimanche

....
....
....
....
....
....
....
....

Reprenez les cinq principes de vie du slow parenting pour vous aider à ralentir votre quotidien en famille. Pour chaque jour, coloriez la case d'une activité, d'une occupation, d'un moment de vie que vous souhaitez améliorer pour tendre vers le slow parenting. Vous trouverez des idées au chapitre 3 pour semer les premières graines d'une vie plus lente et harmonieuse.

CHAPITRE 3

Les valeurs du slow parenting

Le slow parenting est un état d'esprit qui se concrétise dans l'expression de vos valeurs. Ce n'est pas l'application d'une méthode miraculeuse ou de règles à suivre. Il est parfois considéré comme un « retour en arrière » dans nos sociétés occidentales. Les parents souhaitent une vie plus lente, comme une sorte de retour aux sources, à l'essentiel, avant que les nouvelles technologies ne soient venues accélérer notre temps.

J'ai sélectionné dix-sept valeurs qui ont toutes leur importance dans la philosophie de vie du slow parenting. Pour que vous puissiez les appliquer concrètement dans votre quotidien, je vous proposerai une action à faire pour chacune d'elles. Ce sont des petits pas qui vous rapprocheront de votre objectif d'une vie de famille plus lente et bienveillante.

Lenteur

Trouvez un mot ou une expression pour remplacer « Dépêche-toi ! ».

Choisir de ralentir est difficile... mais pas impossible ! Cette expression, employée si couramment, est un indice que notre rythme de vie nous dépasse. 80 % des Français estiment que la cadence actuelle est trop rapide. Et on continue à faire des heures supplémentaires parce qu'on « n'arrivera jamais à boucler ce dossier à temps », à acheter des plats préparés parce qu'on n'a pas le temps de cuisiner, à n'avoir qu'une envie : celle de coucher les enfants le plus tôt possible... Mais est-ce vraiment bénéfique pour notre santé physique et mentale ? Et celle de nos enfants ? Pour moi, la réponse est clairement non. Rentrer à 19 h et avoir juste le temps de faire « un petit bisou » à son enfant, manger des plats sans énergie et à toute vitesse, c'est se consumer à petit feu. Alors, s'il vous arrive d'employer ces deux mots (« Dépêche-toi ! »), essayez de prendre une minute pour vous demander ceci : êtes-vous vraiment en retard ? Ou est-ce simplement une façon de dire que c'est l'heure d'y aller ? Comment votre enfant le ressent-il ? Si vous êtes réellement en retard, qu'est-ce que vous pouvez mettre en place pour ne plus l'être ?

Ralentir, c'est commencer par observer son langage, son vocabulaire, son état émotionnel. Quand on dit « Dépêche-toi ! », c'est un empressement intérieur.

Qu'est-ce qui vous pousse à vous presser ?

- Vous avez peur de ne pas arriver à l'heure ?
- Vous avez été éduqué de cette façon ?
- Vous êtes anxieux que tout ne soit pas parfait ?
- ....

Autonomie

Laissez votre enfant préparer ses affaires pour le lendemain tout seul.

Vous avez toujours des milliers de préoccupations et de tâches à effectuer. Il y a une grande tendance chez les mamans : vouloir tout faire ! Difficile de se dire que la priorité numéro un, c'est soi plutôt que ses enfants ! On s'oublie, tout simplement. On se met en mode « robot opérationnel » pour tout le monde et telle une machine, on abat les tâches les unes après les autres. Sachez qu'il n'y a rien à gagner à part un bon mal de dos, de la fatigue et un manque de temps considérable pour s'adonner à ce qui vous fait plaisir. Pour autant, je sais que ce n'est pas forcément une partie de plaisir de lâcher prise sur son propre fonctionnement.

Mais quand on sait qu'une maman qui prend soin d'elle apprend à son enfant à prendre soin de lui-même, ça vaut le coup d'essayer ! Lui donner de l'autonomie, ce n'est pas le délaisser, il ne va pas vous en vouloir… À vrai dire, il serait super content que vous lui laissiez la possibilité de faire seule « des choses de grands ». Vous aurez peut-être le sentiment de perdre du temps. Parce qu'il ne fait pas comme vous, parce qu'il est plus maladroit, parce qu'il ne va pas choisir les bons vêtements, mais c'est comme ça qu'il apprendra. Et quand il saura le faire, vous aurez la satisfaction de lui avoir appris à devenir autonome pour s'habiller. Votre enfant sera fier de lui et gagnera en confiance en lui. Et, le clou du spectacle, vous aurez appris à ne plus tout maîtriser et à vous permettre de prendre une bouffée d'oxygène. Quand on commence à laisser les autres faire des tâches que nous faisons naturellement, c'est là que débute le changement en nous : le relâchement. Vous allégez votre tête, car vous n'avez plus cette charge mentale que vous venez de déléguer à votre enfant pour qu'il puisse gagner en autonomie. Tout le monde est gagnant !

« Pas de temps perdu
pour qui sait vivre
avec paresse. »

Valorisation

Aujourd'hui, mon enfant doit ranger sa chambre tout seul.

Combien de parents je vois s'égosiller avec le classique : « Range ta CHHHHAAAAMMBRE ! »... Votre enfant pense probablement que vivre avec ses cahiers au sol, son circuit de voiture en plein milieu et toutes les figurines éparpillées çà et là, c'est son monde à lui. Il n'y a rien de mal en soi. Mais pour vous, c'est un calvaire. La poussière s'accumule avec des détritus venus d'on ne sait où. Alors, pas de panique, je vous donne quelques conseils pour vous aider à en finir avec la prise de tête continuelle du rangement, si bien que vous en avez baissé les bras... **En premier,** toujours **donner une explication** au pourquoi on range la chambre. Prenez quelques minutes avec votre enfant pour l'informer que c'est une pièce dans laquelle il peut jouer et mettre le bazar autant qu'il le souhaite et expliquez-lui les incidences que peut avoir une chambre non rangée. En voici quelques-unes : on peut marcher sur un jouet et se faire mal au pied, on ne retrouve plus ses affaires, l'endroit est sale et poussiéreux et on ne peut plus y faire le ménage pour qu'il redevienne un coin apaisant et sain.

En deuxième, on aborde **les conditions** du rangement. En fonction de ce que vous souhaitez, informez votre enfant de la régularité que vous voulez mettre en place : une fois qu'il a fini de jouer, le mercredi et le dimanche... Vous pouvez aussi décider avec lui du moment le plus opportun.

En troisième, c'est une tâche certes, mais c'est surtout **un jeu pour le valoriser** ! Un enfant n'a pas envie de ranger si on lui demande en criant... Alors, on adopte une stratégie super chouette qui consiste à lui lancer un défi : « Je suis sûre que tu ne peux pas le faire en moins de dix minutes ! ». Votre enfant a le goût du challenge ! Il se fera un plaisir de faire le meilleur temps possible.

Jeu

Ce soir, amusez-vous et faites un jeu de société en famille.

Ce soir, c'est le week-end ! Ouf, vous avez survécu à votre semaine de travail ! Maintenant, il est important pour toute la famille de s'harmoniser autour d'une activité commune. Le jeu est sans doute la meilleure façon de se lier à son enfant. Toute la semaine, vous n'avez pas pu être totalement disponible pour lui, car trop préoccupé par votre travail, vos soucis, votre stress, l'organisation de la vie familiale... Bref, une bonne petite charge mentale. Vous n'avez pas pu répondre au signal d'alerte de votre enfant quand il vous a demandé : « Maman, Papa, vous pouvez jouer avec moi ? ». Alors, le vendredi soir peut être le moment de reprendre contact avec son enfant. La façon la plus simple de le faire, c'est de se réunir autour d'un jeu de société. Pas besoin que ce soit très long : une partie de cartes, un puissance 4, un touché coulé, un mistigri... Ce sont des petits jeux simples et qui combleront le besoin d'attention et d'amour de votre enfant. Ainsi, on crée une intimité, un moment spécial et on développe la complicité dans son foyer : « La dernière fois, tu m'as battu aux échecs ; aujourd'hui, c'est moi qui gagne. »

Bien sûr, il y a les mauvais joueurs (je ne vise personne), mais c'est aussi ça jouer, c'est se découvrir sous un nouveau jour. Peut-être que votre enfant n'aime pas perdre parce qu'il a une haute exigence envers lui-même. En observant ce trait de caractère, vous pourrez l'amener progressivement à relâcher sa pression, en lui montrant par exemple des jeux coopératifs. Le but n'est pas toujours de gagner et de perdre. De plus en plus de jeux sont créés pour atteindre ensemble un même objectif.

C'est une valeur importante du slow parenting de se soutenir et de s'entraider.

Ennui

Ne prévoyez aucune activité aujourd'hui.

Tom Hodgkinson a dit: « Être paresseux, c'est être vous-même. C'est reprendre le contrôle de votre vie. »

La société nous presse constamment d'accélérer notre rythme. On a toujours en tête de gagner du temps. « Si j'accomplis cette tâche maintenant, je pourrai plier mon linge plus tôt et j'arriverai peut-être à me coucher plus tôt ce soir ? » On tient ce type de discours parce qu'on se laisse inévitablement emporter dans le tourbillon de la vie. Mais vous savez quoi ? Ça ne sera jamais assez. Et si, pour une fois, vous n'y prêtiez pas attention ? Et si, pour une fois, vous écoutiez votre petite voix intérieure, votre petit paresseux ? Vous n'avez de compte à rendre à personne. Si les lessives ne sont pas faites ou que vous mangez des pâtes depuis trois jours, on s'en fout ! Pour une fois, sentez-vous libre de ne rien faire. Posez le balai, les poêles et lâchez prise. Ne faites plus rien pendant dix minutes, le temps de vous reconnecter avec le monde. Partez en balade, respirez les fleurs dans votre jardin ou sur votre balcon, respirez profondément, sentez votre cœur battre et la chaleur du plaid qui vous entoure... Un temps libre de toute contrainte, un temps de quiétude, un temps où vous renoncez à vos sentiments du passé, où vous renoncez à vos inquiétudes du futur, un temps au présent. On peut vite se laisser entraîner par la multitude de tâches à accomplir, c'est alors qu'on vit dans le futur.

L'ennui sert à épaissir le présent. Donnez de l'importance à ce qui se vit ici et maintenant et vous allez probablement vous ouvrir à une nouvelle relation avec votre enfant. Habituez-vous à prendre le temps de ne rien faire. Vous donnerez du répit à votre corps, à votre mental et vous aurez moins de risque de vous oublier.

*« Une minute de lenteur,
c'est quelques minutes
de plus dans le présent. »*

Priorité

Déterminez trois tâches prioritaires aujourd'hui et n'en faites pas une de plus.

Que vous soyez à la maison ou au travail, il n'est pas toujours simple de savoir ce qui est à prioriser. Faire de la slow life une des valeurs de son quotidien, c'est accomplir les tâches essentielles à son travail sans en être épuisé. Pour pouvoir concilier sa vie professionnelle, sa vie personnelle et sa vie familiale, il y a des ajustements à apporter. Faire moins, mais mieux est une des pratiques à adopter d'urgence pour ne pas se laisser déborder ! Vous ne pouvez pas tout faire ! Déchargez votre planning autant que possible.

- Prenez un temps au début de votre journée pour réfléchir aux trois activités, missions, tâches nécessaires à faire aujourd'hui.

- Pensez à inclure une pause dans votre planning de la journée. Votre cerveau a besoin de respirer pour bien fonctionner.
- Ne vous laissez pas happer par l'urgence. Prenez contact avec votre collègue pour savoir dans quel délai vous pouvez remettre votre travail et demandez une prolongation au besoin.

Au Danemark, ils finissent à 15 h pour aller chercher leur enfant, alors pas de culpabilité tant que le travail du jour est accompli. Pour passer une bonne journée, aucune activité ne doit durer plus de quatre-vingt-dix minutes, car au-delà, votre concentration baisse. C'est le signe qu'il faut prendre une pause. Aussi, il y a toujours des imprévus dans une journée. Il est donc nécessaire de prévoir 30 à 50 % de période non productive pour laisser place à ces contretemps. C'est beaucoup, mais si vous observez bien, vous verrez que le petit café avec les collègues, celui qui passe pour vous saluer, l'appel de votre responsable... vous auront pris une bonne partie de votre journée.

Autorité

Pas de chantage aujourd'hui « si tu ne fais pas ci, tu n'auras pas ça. »

On est tous pareils. C'est tellement tentant de jouer de notre autorité pour priver notre enfant de ce qui lui fait plaisir et obtenir ce que l'on veut de lui. Et, c'est vrai, ça marche ! À partir du moment où on sort le « si tu finis pas ton assiette, t'auras pas de crème dessert au chocolat ! », bah oui ! Il finit par engloutir son assiette de brocolis *illico presto* ! Le chantage, c'est une menace pour obtenir de quelqu'un quelque chose qu'il refuse de faire ou de nous donner. Mais c'est totalement contre-productif pour l'éducation de notre enfant. Si on pratique le chantage, on ne lui apprend pas à se nourrir sainement et à comprendre pourquoi les brocolis, c'est bon pour la santé. Aussi, il faut bien l'avouer, quand on en arrive là, c'est qu'on est à court de solutions. On est agacé, énervé et on a besoin de sentir qu'on a le contrôle sur le comportement de notre enfant.

Cependant, on ne l'aide pas à savoir ce que nous attendons de lui et on le met dans un état d'inquiétude et d'angoisse. « Si tu ne mets pas ton manteau, je pars sans toi ! »

De plus, il prend l'habitude de faire les choses en contrepartie d'une récompense et risque d'utiliser cette magnifique stratégie à votre encontre : « OK, je veux bien ranger ma chambre, mais après, je regarde la télé. »

Voici mes conseils pour éviter d'avoir recours au chantage :

- **le compromis :** on instaure le dialogue et on trouve une solution qui convient aux deux. Les enfants sont très imaginatifs et trouvent souvent une façon positive de sortir d'une situation inextricable pour nous ;
- **donner des explications :** pourquoi souhaitez-vous absolument qu'il finisse

son assiette ou qu'il mette son manteau? C'est plus facile pour lui d'agir s'il sait pourquoi il doit le faire;

- **ne culpabilisez pas**! Tous les parents ont eu recours au chantage à un moment donné. Montrez l'exemple et ne réagissez pas immédiatement quand vous vous sentez à fleur de peau.

Sobriété

Videz votre penderie et donnez ce que vous ne porterez plus.

Le minimalisme est en train de révolutionner les façons de vivre, de penser et d'éduquer aussi ! Avec une société qui doit maintenant recycler et arrêter de puiser dans les réserves de notre planète, nous nous réinventons petit à petit autour de la conscience de ce que nous avons. Le slow parenting s'inscrit également dans cette démarche de simplicité, de modération et d'égalité entre tous. On cherche à se focaliser sur la qualité plus que sur la quantité. Alors, il est temps de faire un brin de ménage pour se délester de ce qui nous encombre et de ce qui ne nous apporte rien. Vous pouvez jouer à la Marie Kondo (la reine japonaise du rangement) pour ranger vos vêtements à la perfection ou à la Courtney Carver en testant le défi 333 (se vêtir avec 33 pièces pendant 3 mois).

Le but est de revenir à l'essentiel et d'entretenir une garde-robe intemporelle et durable.

Trier a de nombreux bienfaits:

- **ça vide l'esprit:** une maison mieux organisée permet d'y voir plus clair;
- **ça remet de l'ordre dans sa vie**: adieu les vêtements de votre adolescence;
- **ça rend plus serein:** en rangeant, vous savez désormais exactement ce que vous possédez.

Vivre de façon sobre est idéale pour se concentrer sur les moments de partage et de convivialité au sein de votre famille. Quand on n'a plus besoin de s'occuper de ses biens matériels, car il y a juste ce qu'il faut, on gagne beaucoup de temps que l'on peut consacrer à ses enfants ou à ses plaisirs quotidiens.

Le slow parenting est une philosophie d'éducation parentale qui se déleste du superflu.

Transmission

Inventez une histoire du soir.

« Papa, tu nous racontes une histoire dans ta tête ? » Nos filles adorent quand on leur raconte des histoires qu'il n'y a pas dans les livres. Et on est nous-mêmes très surpris des récits qu'on invente sur le moment. On choisit des personnages qu'elles aiment bien (des animaux, des dragons, des princesses...) et c'est là qu'on se rend compte que notre imagination d'adulte est débordante. On se laisse porter par l'enthousiasme, on mime, on grogne, c'est un vrai petit spectacle pour les enfants. Ce qui est génial quand on invente une histoire, c'est qu'on peut leur transmettre des valeurs qu'on souhaite leur inculquer : la générosité, l'importance de la différence, la confiance en soi... Et si, parfois, l'inspiration a du mal à venir, ils se chargent d'inventer la suite pour nous. C'est un beau moment de complicité et de partage. Les livres racontent de magnifiques aventures, mais les nôtres ont une consonance particulière pour les enfants. Et puis, parfois, elles nous permettent de voir nos problèmes sous un angle différent auquel on n'aurait pas pensé si on n'avait pas mis nos soucis en perspective dans l'histoire en question.

Inspirez-vous, pour commencer, de celle que je raconte à mes filles pour qu'elles se calment avant de dormir : « Ariel se promène à la campagne et s'arrête devant une ferme. Elle y rencontre Emma et Mia (le nom de votre enfant), des animaux un peu spéciaux qui ont le don de se transformer selon nos souhaits. La petite sirène leur demande si elles peuvent se changer en objet. "Oui, répondent Emma et Mia, nous serions ravies de pouvoir le faire pour toi." Ariel leur demande alors de se changer en étoile parce qu'elle aime beaucoup les étoiles de mer, les étoiles dans le ciel et les étoiles filantes. Alors, Emma et Mia s'allongent sur leur lit et se mettent en étoile, bras et jambes écartés. Elles prennent une grande inspiration et se métamorphosent pour réaliser le souhait d'Ariel en fermant leurs yeux. Pendant qu'elles filent dans la nuit étoilée, elles s'endorment pour exaucer le rêve d'Ariel qui est émerveillée par leur lumière étincelante. Bonne nuit. »

« À l'attention
du temps perdu :
donne-toi du temps libre. »

Souplesse

Laissez votre conjoint(e) s'occuper d'une des tâches quotidiennes.

« Un gratin trop cuit, une chaussette trouée, une chambre pas rangée... mais des rires à n'en plus finir dans la salle à manger. »

Voilà, pour moi, la définition du slow parenting.

Vivre sans se préoccuper de ce qui est à faire, mais plutôt de ce qui est à vivre. Comme beaucoup de mamans, j'aime agir pour les autres, mes enfants et mon conjoint. Gentille, serviable et avec une envie de toujours bien faire. Cependant, à vouloir trop bien faire, on en oublie parfois qu'on n'est pas parfaite. Le temps passé à plier, ranger, balayer, trier, organiser pour souvent devoir recommencer (chaque jour), c'est interminable, surtout si vous le faites seule.

Il est important de ne pas céder à cette tentation de répondre systématiquement aux besoins des autres tout de suite. Votre réactivité est mise à rude épreuve et risque d'épuiser vos ressources en énergie. Alors, oui, il y a un moment où il est possible de dire: « Non, je ne ferai pas plus de tâches ménagères aujourd'hui ».

Car il y a bien plus important que l'entretien de son logis: le temps passé avec ses enfants. Je dis souvent à mes filles: « Plus vous mettez du bazar dans la maison, moins j'ai de temps pour vous. » C'est une façon de leur faire comprendre que les tâches du quotidien prennent du temps que je ne pourrai pas leur apporter en faisant un gâteau avec elles, en jouant, etc. Et miracle, désormais, elles rangent leurs affaires d'elles-mêmes, car elles savent qu'après, elles pourront passer du temps avec moi. Rien ne m'empêche non plus parfois de mettre le bazar avec elles. Essayez de laisser au moins une tâche de votre quotidien de côté pour prendre le temps d'être avec votre enfant. Vous pouvez solliciter votre conjoint pour la faire ou tout simplement la remettre à plus tard.

Écoute

Demandez à votre enfant de vous raconter sa journée et prenez le temps de l'écouter attentivement.

Écouter, ça s'apprend. Nos enfants éprouvent plein d'émotions tout au long de la journée. Quand ils reviennent à la maison le soir, ils ont souvent une avalanche d'injonctions émanant de leurs parents: «Fais tes devoirs», «T'as eu combien à ton contrôle de maths?», «T'as pas mangé tout ton goûter?». Nous avons tendance à ne penser qu'à ce qui est important pour nous. A-t-il bien mangé? Est-ce qu'il apprend bien à l'école? Et comme toutes ces injonctions prennent beaucoup de place, nous pourrions facilement en oublier que nos enfants ont vécu une journée entière de règles, de travail, d'ennui, de conflits... Ils ont eux aussi leur lot de problèmes et il est important qu'ils sachent que nous sommes là pour les écouter. Alors, évidemment, on évite d'écouter entre deux portes et que le petit frère ou la grande sœur soit dans les parages. Soyez pleinement disponible pour lui.

Ce qu'il est important de savoir, c'est que votre enfant ne cherche pas uniquement des solutions à son problème. Il cherche aussi de l'attention. Prenez le temps d'accueillir ce qu'il ressent, car c'est cela dont il a besoin. En libérant ses émotions auprès de vous, il vient recharger ses batteries affectives. Toute la journée, sa jauge remplie d'amour grâce au câlin du matin a diminué en raison des agressions qu'il a subies. Vous avez pour rôle de la faire remonter par votre écoute et votre tendresse en recueillant toutes les émotions dont il veut se débarrasser (tristesse, colère, peur...).

Vous pouvez utiliser les mots suivants pour l'aider et montrer votre empathie :

« Je vois que tu es triste, que tu as une petite mine, on peut en parler si tu en as envie ? »

« Je ne te sens pas bien, tu donnes des coups à ta sœur alors qu'elle ne t'a rien fait. Comment s'est passée ta journée ? »

« Je comprends que tu ne te sentes pas bien, de quoi tu as peur ? »

Optimisme

Lors du dîner, posez la question suivante à tout le monde : quel a été le meilleur moment de ta journée ?

Il n'y a pas un seul jour où, à la maison, on ne pose pas cette question pendant le repas. Il y a quelques années, on le faisait en couple en écrivant la réponse sur un post-it. C'était génial de retrouver tous les petits mots le 31 décembre et de redécouvrir son année sous un angle totalement positif! C'est la simplicité de ce pot et des messages qu'il contient qui nous remémore à quel point c'est notre essentiel : une vie remplie d'amour et de simplicité. Alors, avec les enfants, on fait perdurer cette habitude, car plus on cultive le positif, plus il y en a dans notre vie. Les recherches de Martin Seligman l'ont amené à comprendre qu'en renforçant nos qualités humaines et positives, nous améliorons notre bien-être au quotidien.

En bref, n'attendons pas d'être heureux pour sourire, mais sourions afin d'être heureux !

Il existe cinq piliers de la psychologie positive pour favoriser notre bien-être :

- **les émotions positives** : joie, amusement, gratitude, espoir, intérêt, fierté, sérénité, émerveillement, inspiration ;
- **l'engagement** : lorsque nous sommes engagés avec une personne, notre niveau de sécurité affective fait le plein ;
- **les relations humaines positives** : s'entourer de personnes bienveillantes est garant d'un environnement apaisant ;
- **avoir des buts** : se sentir utile au monde ;
- **l'accomplissement** : une vie en adéquation avec ses attentes.

Alors, n'attendez pas pour renforcer dès le plus jeune âge un climat positif dans votre foyer avec cette petite question qui peut paraître insignifiante, mais qui construit déjà le caractère optimiste de votre enfant !

Gratitude

Remerciez votre enfant pour ce qu'il vous a apporté aujourd'hui.

Avoir de la gratitude, c'est une forme de respect qui passe par la reconnaissance de ce que fait l'autre pour vous. En tant que parent, nous avons l'habitude d'attendre de nos enfants les : « s'il te plaît », « merci » parce que l'on doit leur apprendre la politesse. Mais dire merci, ce n'est pas qu'une question de politesse.

C'est aussi reconnaître à quel point l'autre a pu vous aider, a pu vous apporter un soutien quand vous en aviez besoin. Et, à mon sens, les enfants témoignent de leur amour et éprouvent une réelle empathie pour leurs parents. On peut avoir tendance à se dire « c'est normal », mais à vrai dire, même si ça l'est, il est bon de le faire remarquer. Les enfants nous font des câlins spontanément, nous offrent des dessins, des coloriages... En étant attentifs à leurs marques d'amour, nous pouvons les remercier de ce qu'ils font pour nous.

Avoir de la gratitude, c'est essentiel pour des relations saines entre le parent et l'enfant. Si ce dernier fait tout ce qu'on lui demande (ranger sa chambre, s'habiller seul, se doucher seul, mettre la table), mais que nous ne lui donnons aucune gratitude en retour, il y a fort à parier qu'il manquera de cette chaleur humaine. Il va accomplir les tâches parce qu'on le lui demande. Mais si nous sommes attentifs à le remercier de tous ses efforts et de son enthousiasme à bien faire, nous alimenterons son optimisme.

De plus, il aura également développé la faculté d'être vigilant au bien-être de l'autre. Vivre ensemble et s'entraider est bien plus facile que de toujours agir pour soi-même sans aucune reconnaissance.

Pratiquer la gratitude en famille, c'est se conditionner à voir les aspects positifs de sa vie. Et il y a un effet intéressant à nous remercier les uns des autres de nos agissements. **Chacun devient important pour l'autre et se sent important.** Le lien de confiance est renforcé, car on a la certitude que l'autre nous veut du bien. Bien entendu, il ne faut pas être dans l'attente d'un remerciement à chaque fois que l'on accomplit une action positive, car cela engendrerait une forme de servitude qui n'est pas recherchée. Il ne s'agit pas non plus de se convaincre que tout va bien et d'éviter les problèmes sous-jacents. C'est simplement révéler les petites choses positives du quotidien (ce que l'on a instinctivement du mal à faire).

« Plus rien ne presse
quand l'aiguille s'arrête. »

Empathie

Si votre enfant éprouve une émotion vive (colère, chagrin, etc.), avant d'aller vers lui, demandez-vous ce qu'il ressent et ce qu'il pense.

C'est tellement difficile d'aller vers lui... Il crie, il pleure, il se débat, il hurle... On aurait vite fait de prendre la poudre d'escampette ! Parfois, d'ailleurs, il est préférable de se mettre à l'écart pour reprendre contact avec nous-même et ne pas laisser aller des émotions néfastes à son encontre. Cependant, un enfant vit à travers ses ressentis et a besoin de savoir que vous êtes là pour lui malgré un comportement que vous ne cautionnez pas. Alors, au lieu de foncer tête baissée vers lui, il est parfois nécessaire de l'observer et de s'interroger. Après tout, vous êtes la personne qui le connaît mieux que quiconque.

Demandez-vous s'il se met dans cet état parce qu'il est fatigué ? Parce qu'il a besoin d'attention ? Parce qu'il réagit à une situation difficile ? Une fois que vous avez fait ce point à distance, vous aurez en tête qu'il y a plusieurs raisons possibles à son comportement. Aussi, questionnez-le pour confronter vos idées à ce qu'il pense et ressent réellement. En faisant cela, vous allez prendre en compte sa souffrance et lui montrer que vous vous préoccupez de lui. Faire preuve d'empathie, c'est aussi montrer à l'autre la représentation que vous vous faites de sa colère, de sa tristesse, de ses peurs. Et vous allez réajuster votre attitude en fonction de la gravité de ce qu'il éprouve.

Privilégiez le contact lorsqu'il est possible plutôt que la mise à distance de votre enfant. Il est plus facile de lui transmettre vos valeurs en ayant une discussion avec lui. Si vous l'isolez, il ne saura pas ce que vous attendez de lui et pourquoi cela est important à vos yeux. Enlacer, masser, câliner, établir un contact subtil en touchant son épaule ou en lui prenant la main... tous ces petits gestes d'amour vont lui permettre de retrouver un peu de sérénité.

Humour

Racontez une blague ou devinette à votre enfant.

Quelle n'a pas été ma surprise quand ma fille, âgée à l'époque d'à peine un an et demi, m'a tendu un morceau de gâteau et... dès que j'ai avancé le bras, elle s'est mise à rigoler et l'a mis à la bouche ! Je ne m'y attendais pas ! J'ai compris à ce moment-là que les enfants, même très jeunes, ont la capacité de développer leur humour. Et c'est un mode de communication que j'apprécie beaucoup pour trois raisons :

- **l'humour désamorce une situation de crise.** Si l'enfant pleure parce qu'on lui a pris quelque chose ou qu'il n'est pas content, se mettre à danser comme un animal sur une musique pop par exemple le fait instantanément arrêter ;

- **l'humour crée du lien**. On retient bien les fous rires quand mamie a renversé le gâteau par terre ou que son enfant commence à parler : « la langue des chiens, c'est comme du jambon ». Et ce sont des petites choses qui restent, dont on se souvient et qui unissent la famille autour de moments positifs ;
- **l'humour permet de ne pas se prendre au sérieux.** En plaisantant, on peut rire de soi et c'est une bonne façon de montrer qu'on n'est pas parfait, qu'on a le droit de se tromper et que ce n'est pas grave.

Le rire est naturel chez un enfant. Cultivez l'humour pour alléger votre mental et pour avoir une attitude plus décontractée !

Faites un dessin dans l'assiette de votre enfant (visage, animal...)

Vous connaissez la citation : « Si tu crois que l'aventure est dangereuse, essaie la routine, elle est mortelle. » de Paulo Coelho.

La routine est un passage obligé quand on a des enfants. Du jour au lendemain, on est privé de cette liberté de sortir où l'on veut, quand on veut et de ne rien planifier. Dès que bébé est là, il faut respecter son rythme, se lever toutes les trois heures, le faire manger, le changer... Bref, il y a un temps pour tout et plus pour nous ! Alors, une nouvelle cadence s'impose, ce qui donne dans beaucoup de familles : lever, déjeuner, habiller, école, goûter, devoirs, douche, dîner, histoire, dodo (un bon résumé).

Mais souvent, cette routine vient entacher notre moral, car nous aimerions tant vivre des moments hors de ce temps si délimité et sécurisant pour nos enfants... Pour beaucoup de parents, c'est un peu pesant.

Bonne nouvelle : dans ce quotidien bien rodé, on peut mettre notre grain de folie ! Et puis, on a aussi le droit de dire : « Ce soir, je sors et je laisse les enfants avec nounou ». Mais quand ce n'est pas possible, on peut changer notre façon de prendre le repas, par exemple. Tiens, et si on installait une nappe au sol dans le salon et qu'on faisait un pique-nique ? Et pourquoi pas, construire une cabane avec des draps pour que nos enfants dorment en mode camping ? Pour le bain, on peut prévoir une "mousse party" ou le lavage des jouets ? Ce n'est pas parce qu'une activité est répétitive qu'elle doit plomber votre vie ! Il y a des milliers de façons de les détourner pour les rendre différentes et avoir le sentiment d'avoir vécu une journée spéciale et cela, tous les jours !

Exprimez à votre enfant comment vous vous sentez (fatigué, content, énervé, stressé, etc.)

« Efficace et débordée au travail, disponible et serviable en famille » : c'est une des phrases que j'ai pu lire dans la bande dessinée « Amalia » de Aude Picault. Et elle m'a clairement fait écho ! Je pense que de nombreuses mamans se retrouvent dans ces mots. La BD aborde le surmenage et le burn-out en ce qu'elle qualifie « d'une intolérance au rendement ». J'ai trouvé ce livre très juste dans sa façon d'aborder le travail et la pression que l'on se met à faire en sorte que tout soit parfait. Alors, quand on souhaite sortir de ce marasme ambiant, on peut déjà faire le premier pas de se demander :

Comment je me sens réellement dans cette vie ?

Être authentique avec soi ou avec les autres est pour moi une notion fondamentale. Il n'y a pas de bonheur sans authenticité. Si vous avancez la tête dans le guidon, que vous travaillez comme un dingue et qu'en rentrant à la maison, il n'y a aucun moment de répit pour vous retrouver, vous courrez vers votre perte. Il faut savoir baisser les armes et dire : « je suis fatigué, j'ai besoin qu'on me laisse tranquille cinq-dix minutes ». Mais si votre vie est épanouissante, c'est aussi une très bonne chose de l'exprimer ! Les enfants ressentent bien la température intérieure de leurs parents. Il y a quelque temps, ma fille m'a dit : « Maman, change la forme de ta tête. Tu as la tête du bonhomme pas content ». J'étais énervée et elle a voulu me faire réagir pour que je retrouve le sourire. On a tous des failles et il est vital de montrer ses émotions, d'expliquer ce qu'on ressent à notre entourage et de montrer sa propre personnalité.

Petite astuce : vous pouvez mettre des magnets en forme de *smiley* sur le frigo pour donner votre humeur du moment. Cela entraînera les enfants à dire comment ils se sentent, eux aussi.

« Oser vivre
une vie lente,
c'est donner vie
à son cœur. »

CONCLUSION

Ça y est, vous avez fait votre premier pas dans le slow parenting. N'ajoutez pas de pression inutile à votre vie. Changer son mode de fonctionnement, réduire son stress, prendre du temps pour soi, ce n'est pas facile. Il y a un temps pour tout et parfois, ce n'est juste pas le moment.

J'aimerais que vous gardiez en mémoire ce mantra que j'apprécie et qui m'a permis de tenir durant les moments où je ne croyais plus en une vie heureuse :

> Chaque pas que vous ferez, même s'il est tout petit, marque votre volonté et votre envie d'une vie qui vous ressemble. Mais n'arrêtez pas de marcher, ce sera toujours mieux que de courir sans but précis.

J'ai opéré de grands changements dans ma vie, mais celui-ci fait partie de ceux pour lesquels je ne reviendrai pas en arrière. L'amour qui se dégage de notre famille est bien plus scintillant qu'il ne l'était avant d'opérer un grand ralentissement. Les enfants ont une place centrale dans notre société et leur éducation impacte durablement notre futur.

Si vous avez tenu ce livre entre vos mains, c'est que vous avez la possibilité de changer durablement notre avenir par vos intentions bienveillantes. Au lieu de briller en société, donnons la possibilité à nos enfants de créer les étincelles d'un bonheur commun. Il est temps d'écouter nos cœurs et de remettre nos pendules intérieures à l'heure.

REMERCIEMENTS

Il y a des moments marquants dans une vie que l'on doit savourer avec passion. La parution d'un premier livre est une étape remarquable de ma vie qui n'aurait pu voir le jour sans la rencontre de personnes inspirantes.

Je tiens à remercier tout particulièrement celles qui m'ont poussée, sans le savoir, à vivre plus sereinement. Zoé, Lily, vous êtes les rayons de soleil qui illuminent toutes mes journées. Merci d'avoir éclairé mon chemin et de briller chaque jour de vos yeux pétillants. Sans vous, ce livre n'existerait pas.

J'ai aussi la chance d'avoir rencontré un homme exceptionnel, qui me laisse voler de mes propres ailes. Pierre, ta confiance et ta patience ont été déterminantes pour moi. Merci d'être à mes côtés et de croire en un avenir où tous les possibles peuvent être imaginés.

Bien sûr, ce livre n'aurait pas vu le jour si je n'avais pas eu la chance de pouvoir m'épanouir grâce à mes parents. Tous deux ont su m'apporter leurs valeurs, leur tendresse, leur sagesse, leur générosité pour m'aider à devenir qui je suis aujourd'hui. Ils ont été l'écho d'une génération qui a vu l'éducation s'assouplir et se libérer. Merci pour ces longues discussions qui ont nourri mon propos et de la tolérance dont vous faites preuve pour comprendre le monde dans lequel vous n'avez pas grandi.

Un merci spécial pour Cécile, la potière céramiste qui, le temps d'un après-midi, a su trouver les bons mots pour me donner l'envie d'affirmer mes convictions.

Merci à ma maison d'édition d'avoir rendu le rêve réalité.

Merci aux mamans qui me suivent depuis la création du blog et celles qui font leurs premiers pas vers le slow parenting. Vous me donnez l'envie, toujours plus forte, de construire un monde où les valeurs du cœur sont bien plus importantes que tout le reste.

Merci aux petites larmes qui jaillissent quand je regarde mes filles jouer ensemble, merci aux grandes joies des premiers pas, merci à tous ces petits bonheurs de la vie qui nous entourent et qui inspirent une vie au ralenti.

À PROPOS DE L'AUTRICE

Laura Aponi est une femme qui se nourrit de la richesse de l'humanité. C'est tout naturellement qu'elle s'est investie auprès de personnes dans le besoin en tant qu'assistante sociale durant plus de dix années. À la naissance de ses filles, elle est confrontée au rythme du « métro, boulot, dodo » qui l'épuise. Entre working girl et mère parfaite, elle ne trouve plus de sens à cette vie à cent à l'heure qui l'éloigne de sa vie de famille. Elle décide de quitter son travail et de créer OptiMoms, le blog des mamans optimistes qui prennent le temps de ralentir. Rédactrice web et poétesse, elle se consacre alors pleinement à l'écriture, pour soutenir les parents dans l'exercice d'une parentalité lente et insuffler de nouvelles idées.

Collection La petite bibliothèque

La mort ne nous séparera pas
Franck Laguilliez Arrondeau

Feu la jalousie
Michka

Des gens qui s'aiment
Carole Berrebi

Visions d'un monde à l'autre
Brigitte Pietrzak

Chair Lumière,
Entretien avec Frédérique Lemarchand
Audrey Fella

Lire les signes et trouver son chemin
Marie-Pierre Dillenseger

S'ancrer pour se déployer
Marie-Pierre Dillenseger

Du repli à l'avancée
Marie-Pierre Dillenseger

À table avec bébé
Fanny Alliot

Je t'aile
Sophie de Foy

52 Paroles chamaniques
Tigran

Enfin vaginale
Olivia Cornevin

Diète de forêt
Peggy Reboul

Cette magie qui est en nous
Elsa Forez

Les Enfants des étoiles
Agnès Stevenin

Si vous avez aimé ce livre,
vous aimerez sûrement celui-ci.

FANNY ALLIOT

À table avec bébé

Si vous avez aimé ce livre,
vous aimerez sûrement celui-ci.

SOPHIE DE FOY

Je t'aile

L'amour infini d'une mère

Première édition originale, premier tirage
Illustration de couverture © Turaev (Adobe Stock)
Conception graphique : Philippe Fourquet

Achevé d'imprimer en janvier 2025
sur les presses de Laballery (France) - 412340
pour le compte de Mama Editions

ISBN 978-2-84594-795-5/01
Dépôt légal janvier 2025
3991037
support@mamaeditions.com

PAPIER À BASE DE FIBRES CERTIFIÉES

Mama Éditions s'engage pour l'environnement en réduisant l'empreinte carbone de ses livres. Celle de cet exemplaire est de :
350 g éq. CO_2